Impressum
Verlag: BABADADA GmbH, Nedderfeld 112 , 22529 Hamburg
Geschäftsführer / Verlagsleitung: Harald Hof
Druck: Books on Demand GmbH, In de Tarpen 42, 22848 Norderstedt

Imprint
Publisher: BABADADA GmbH, Nedderfeld 112 , 22529 Hamburg, Germany
Managing Director / Publishing direction: Harald Hof
Print: Books on Demand GmbH, In de Tarpen 42, 22848 Norderstedt

בית ספר

学校

כיתה
教室
חילק
除
186/2
לוח
黑板
מורה
老师
נייר
纸
כתב
书写
עט
钢笔
שולחן עבודה
办公桌
סרגל
直尺
ספר
书
תלמיד
学生

ילקוט

书包

קלמר

铅笔盒

עיפרון

铅笔

מחדד

卷笔刀

גומי מחיקה

橡皮擦

חוברת סרטוט

画板

סרטוט

图画

מברשת

画笔

קופסת צבעים

颜料盒

מספריים

剪刀

דבק

胶水

ספר תרגול

练习册

שיעור בית

家庭作业

מספר

数字

חיבר

加

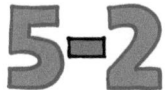

חיסר

减

הכפיל

乘

חישב

计算

אות

字母

אלפבית

字母表

מילה

字

טקסט

课文

קרא

读

גיר

粉笔

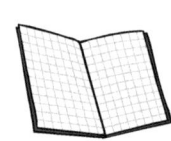

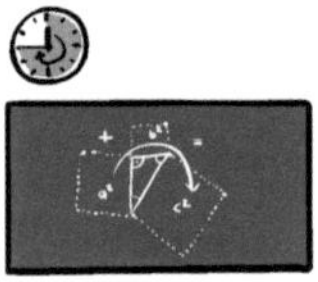

שיעור

上课

יומן נוכחות

登记

מבחן

考试

תעודה

证书

תלבושת בית ספר

校服

חינוך

教育

אנציקלופדיה

百科全书

אוניברסיטה

大学

מיקרוסקופ

显微镜

מפה

地图

סל נייר

废纸筐

בית ספר - 学校

נסיעה

旅行

מלון
酒店
Grand
הוסטל
青年旅社
ROOMS
המרת מטבע
外币兑换处
מזוודה
手提箱
אוטו
汽车

בסדר

好的

כן / לא

是/否

שפה

语言

תודה

谢谢

מתרגם

翻译员

שלום

您好

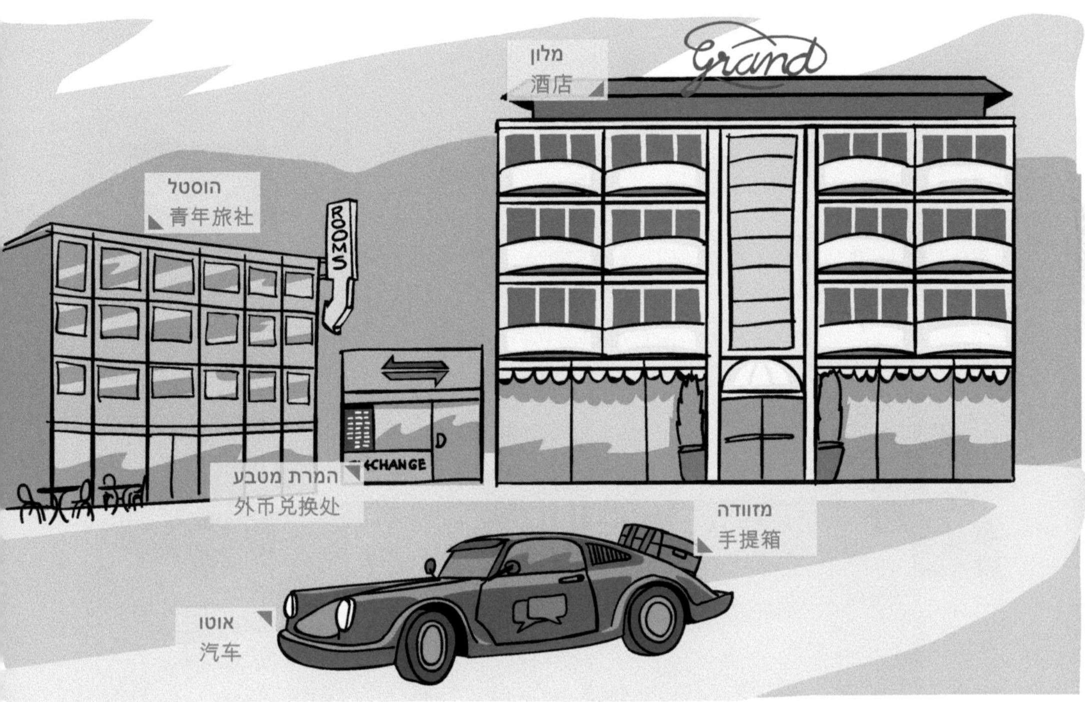

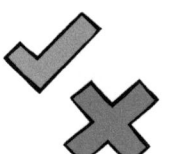

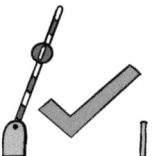

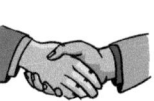

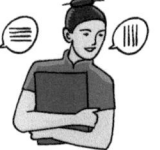

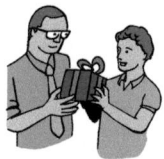

כמה עולה.....?

.....多少钱？

אני לא מבין

我不明白

בעיה

问题

ערב טוב!

晚上好！

בוקר טוב!

早上好！

לילה טוב!

晚安！

להתראות

再见

כיוון

方向

כבודה

行李

תיק

包

תרמיל גב

双肩包

אורח

客人

חדר

房间

שק שינה

睡袋

אוהל

帐篷

מרכז מידע לתיירים

旅游信息

חוף ים

海滩

כרטיס אשראי

信用卡

ארוחת בוקר

早餐

ארוחת צהריים

午餐

ארוחת ערב

晚餐

כרטיס

票

מעלית

电梯

בול

邮票

גבול

边界

מכס

海关

שגרירות

大使馆

אשרה

签证

דרכון

护照

תחבורה

交通运输

מטוס
飞机
אונייה
船
כבאית
消防车
משאית
卡车
אוטובוס
סירת מנוע
汽艇
אופניים
自行车
אוטו
汽车

מעבורת

摆渡船

סירה

小船

אופנוע

摩托车

ניידת משטרה

警车

מכונית מרוץ

赛车

רכב שכור

租车

משאית זבל

垃圾车

אוטו גרר

拖车

מכוניות בשיתוף

拼车

תחנת דלק

加油站

דלק

汽油

מנוע

发动机

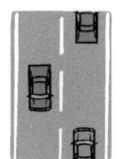

פקק תנועה

交通堵塞

תנועה

交通

תמרור

交通标志

פסי רכבת

轨道

תחנת רכבת

火车站

חניה

停车场

קרון

货车

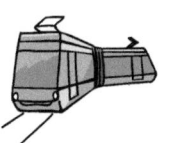

רכבת קלה

电车

רכבת

火车

מסוק

直升机

שדה-תעופה

机场

מגדל

塔

נוסע

乘客

קונטיינר

集装箱

קרטון

纸板箱

עגלה

手推车

סל

篮子

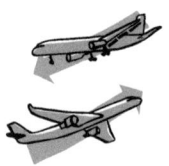

המראה / נחיתה

起飞/降落

עיר

城市

כפר

村庄

מרכז העיר

市中心

בית

房子

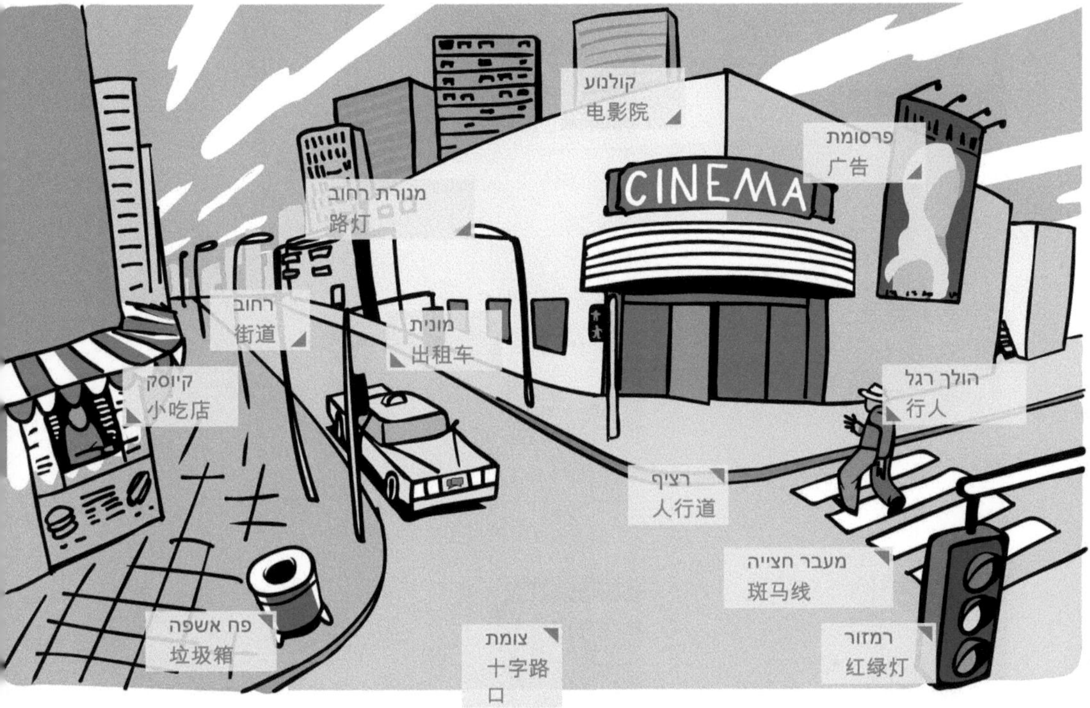

קולנוע
电影院

פרסומת
广告

מנורת רחוב
路灯

רחוב
街道

מונית
出租车

הולך רגל
行人

CINEMA

קיוסק
小吃店

רציף
人行道

מעבר חצייה
斑马线

פח אשפה
垃圾箱

צומת
十字路口

רמזור
红绿灯

בקתה

小屋

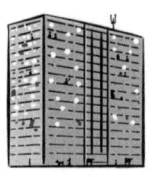

דירה

公寓

תחנת רכבת

火车站

עירייה

市政厅

מוזיאון

博物馆

בית ספר

学校

אוניברסיטה

大学

בנק

银行

בית חולים

医院

מלון

酒店

בית מרקחת

药房

משרד

办公室

חנות ספרים

书店

חנות

商店

חנות פרחים

花店

סופרמרקט

超市

שוק

市场

כל-בו

百货商店

מוכר דגים

鱼店

קניון

购物中心

נמל

海港

פארק

公园

ספסל

长凳

גשר

桥

מדרגות

楼梯

רכבת תחתית

地铁

מנהרה

隧道

תחנת אוטובוס

公交车站

בר

酒吧

מסעדה

餐馆

תא דואר

邮筒

שלט רחוב

路标

מדחן

停车计时器

גן חיות

动物园

בריכת שחיה

游泳馆

מסגד

清真寺

חווה

农场

זיהום

污染

בית עלמין

墓地

כנסייה

教堂

מגרש משחקים

操场

בית מקדש

寺庙

נוף
地形

עלה
树叶

תמרור
指示牌

דרך
路

מרעה
草地

אבן
石头

מטייל
徒步旅行者

עץ
树

נהר
河

פרח
花

דשא
草

בקעה

峡谷

הר

山

אגם

湖

יער

森林

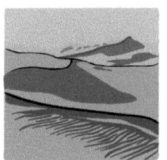

מדבר

沙漠

הר געש

火山

טירה

城堡

קשת בענן

彩虹

פטריה

蘑菇

דקל

棕榈树

יתוש

蚊子

זבוב

苍蝇

נמלה

蚂蚁

דבורה

蜜蜂

עכביש

蜘蛛

חיפושית

甲虫

צפרדע

青蛙

סנאי

松鼠

קיפוד

刺猬

ארנב

野兔

ינשוף

猫头鹰

ציפור

鸟

ברבור

天鹅

חזיר בר

野猪

צבי

鹿

אייל הקורא

麋鹿

סכר

水坝

טורבינת רוח

风力发电机

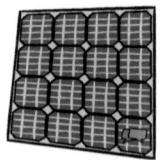

פנל סולארי

太阳能电池板

אקלים

气候

מסעדה

餐馆

מלצר
服务员
תפריט
菜单
כסא
椅子
מרק
汤
פיצה
披萨饼
סכו"ם
מפת שולחן
桌布

מנת פתיחה

前菜

מנה עיקרית

主菜

קינוח

甜点

שתיות

饮料

אוכל

食物

בקבוק

瓶子

מזון מהיר

快餐

אוכל רחוב

街边小吃

קנקן תה

茶壶

מסכרת

糖盒

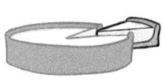

מנה

一份饭菜

מכונת אספרסו

意式咖啡机

כסא תינוק

高脚椅

חשבון

账单

מגש

托盘

סכין

刀

מזלג

餐叉

כף

勺子

כפית

茶匙

מפית

餐巾

כוס

玻璃杯

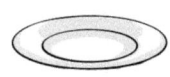

צלחת

碟子

קערת מרק

汤盘

תחתית

碟子

רוטב

酱

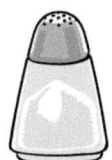

מלחייה

盐瓶

מטחנת פלפל

胡椒磨

חומץ

醋

שמן

食用油

תבלינים

调味料

קטשופ

番茄酱

חרדל

芥末

מיונז

蛋黄酱

סופרמרקט
超市

מבצע
特价
FOR
לקוח
顾客
מוצרי חלב
乳制品
פירות
水果
עגלת קניות
购物车

אטליז

肉铺

מאפייה

面包房

שקל

称重

ירקות

蔬菜

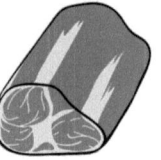

בשר

肉

מזון קפוא

冷冻食品

בשר קר

冷盘

שימורים

罐头食品

אבקת כביסה

洗衣粉

ממתקים

甜食

מוצרי בית

日用品

חומר ניקוי

清洁用品

מוכרת

销售员

קופה

收银机

קופאי

收银员

רשימת קניות

购物清单

שעות פתיחה

开放时间

ארנק

钱包

כרטיס אשראי

信用卡

תיק

袋子

שקית נילון

塑料袋

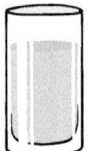

שתיות
饮料

חלב

牛奶

מיץ

果汁

מים

水

בירה

啤酒

יין

红酒

קולה

可乐

תה

茶

קקאו

可可

אלכוהול

酒

קפוצ'ינו

卡布奇诺

אספרסו

意式浓缩咖啡

קפה

咖啡

אוכל

食物

תפוז

橙子

תפוח

苹果

בננה

香蕉

גזר

胡萝卜

לימון

柠檬

אבטיח

西瓜

בצל

洋葱

במבוק

竹子

שום

大蒜

אטריות

面条

אגוזים

坚果

פטריות

蘑菇

ספגטי

意大利面条

אורז

米饭

סלט

沙拉

צ'יפס

薯条

צ'יפס

炸土豆

פיצה

披萨饼

המבורגר

汉堡包

כריך

三明治

שניצל

炸猪排

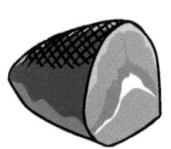

שינקין

火腿

סלאמי

萨拉米

נקניקיה

香肠

עוף

鸡肉

טיגון

烤肉

דג

鱼

שיבולת שועל

燕麦片

מוזלי

穆兹利

קורנפלקס

玉米片

קמח

面粉

קרואסון

羊角面包

לחמנייה

面包卷

לחם

面包

טוסט

烤面包

עוגיות

饼干

חמאה

黄油

גבינה לבנה

凝乳

עוגה

蛋糕

ביצה

蛋

ביצת עין

煎蛋

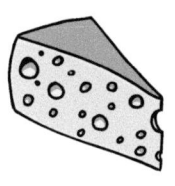

גבינה

奶酪

גלידה

冰激凌

סוכר

糖

דבש

蜂蜜

ריבה

果酱

ממרח נוגט

巧克力酱

קארי

咖喱饭

חווה
农场

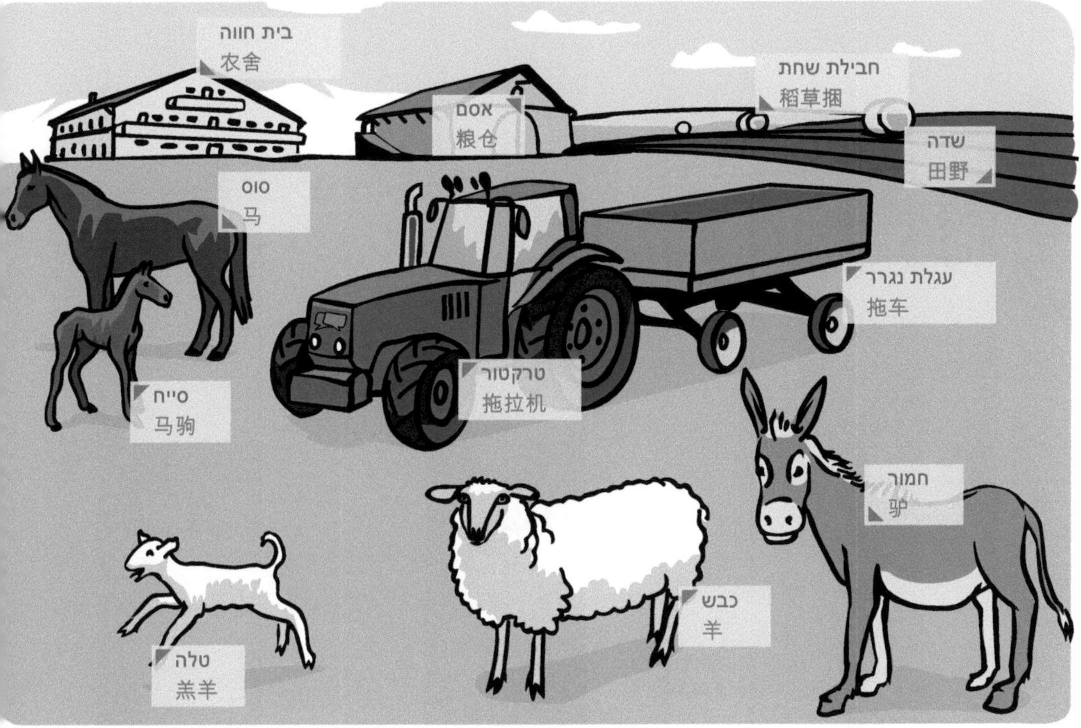
בית חווה
农舍
אסם
粮仓
חבילת שחת
稻草捆
שדה
田野
סוס
马
עגלת נגרר
拖车
טרקטור
拖拉机
סייח
马驹
חמור
驴
כבש
羊
טלה
羔羊

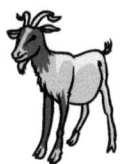

עז

山羊

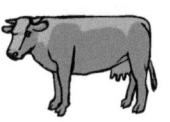

פרה

奶牛

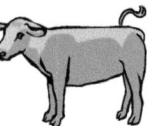

עגל

牛犊

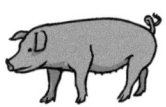

חזיר

猪

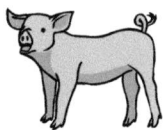

חזרזיר

小猪

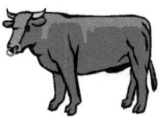

שור

公牛

אווז

鹅

ברווז

鸭

אפרוח

小鸡

תרנגולת

母鸡

תרנגול

公鸡

חולדה

鼠

חתול

猫

עכבר

老鼠

שור

牛

כלב

狗

מלונה

狗屋

צינור השקיה

花园浇水软管

קנקן מים

洒水壶

חרמש

长柄大镰刀

מחרשה

犁

מגל
镰刀

מגרפה
锄头

קלשון
长柄草耙

גרזן
斧头

מריצה
独轮手推车

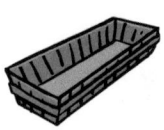

שוקת
饲料槽

כד חלב
牛奶罐

שק
麻布袋

גדר
栅栏

אורווה
马厩

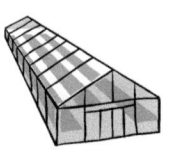

חממה
温室

אדמה
土壤

זרע
种子

דשן
肥料

מקצרה
联合收割机

קצר

收割

קציר

收割

בטטה אפריקנית

山药

חיטה

小麦

סויה

大豆

תפוח אדמה

土豆

תירס

玉米

קנולה

油菜籽

עץ פירות

果树

קסבה

树薯

דגנים

谷物

בית

房子

ארובה
烟囱
גג
屋顶
מרזב
落水管
חלון
窗户
מוסך
车库
פעמון
门铃
דלת
门
פח אשפה
垃圾桶
תיבת מכתבים
信箱
גינה
花园

סלון

客厅

חדר אמבטיה

浴室

מטבח

厨房

חדר שינה

卧室

חדר ילדים

儿童房

חדר אוכל

餐厅

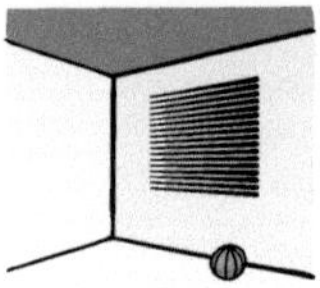

רצפה 地板	קיר 墙壁	תקרה 吊顶
מרתף 地窖	סאונה 桑拿	מרפסת 阳台
מרפסת 露台	בריכה 游泳池	מכסחת דשא 割草机
סדין 被单	כיסוי מיטה 床罩	מיטה 床
מטאטא 扫帚	דלי 水桶	מפסק 开关

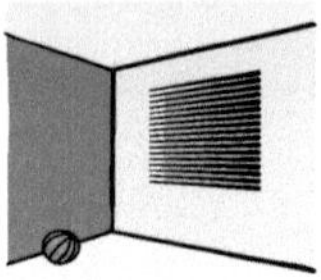

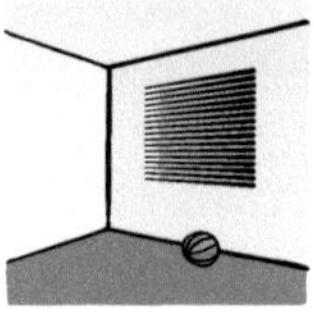

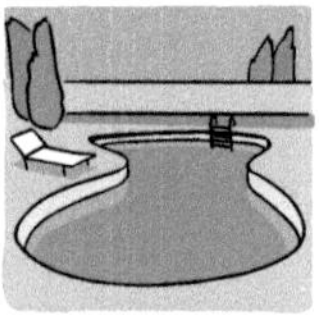

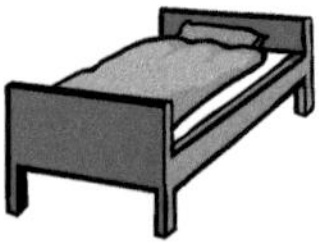

סלון
客厅

טפט
壁纸
תמונה
照片
מנורה
台灯
מדף
搁架
ארון
橱柜
טלוויזיה
电视机
אח
壁炉
פרח
花
כרית
垫子
ספה
沙发
אגרטל
花瓶
שלט רחוק
遥控器

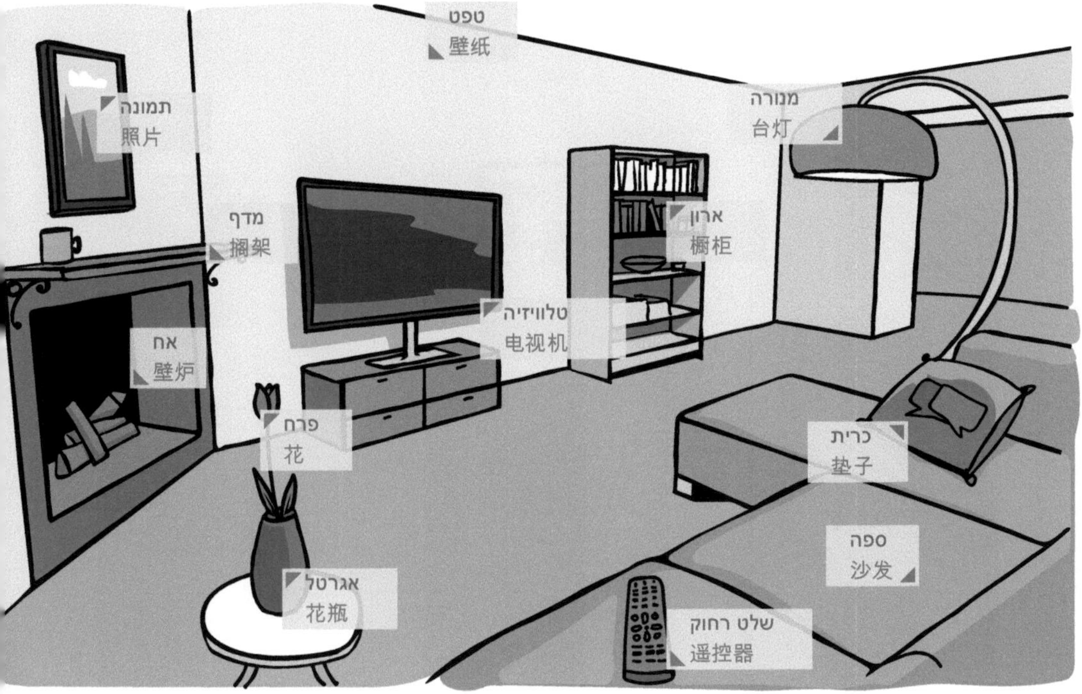

שטיח

地毯

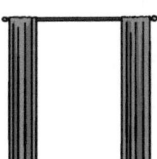

וילון

窗帘

שולחן

餐桌

כסא

椅子

כיסא נדנדה

摇椅

כורסה

扶手椅

ספר

书

שמיכה

毯子

דקורציה

装饰品

עצי הסקה

木柴

סרט

电影

מערכת סטריאו

高保真音响

מפתח

钥匙

עיתון

报纸

ציור

油画

פוסטר

海报

רדיו

收音机

מחברת

笔记本

שואב אבק

吸尘器

קקטוס

仙人掌

נר

蜡烛

מטבח
厨房

מקרר
冰箱
מיקרוגל
微波炉
מאזני מטבח
厨房秤
טוסטר
烤面包机
חומר ניקוי
洗洁精
תנור
烤箱
מקפיא
冰柜
פח אשפה
垃圾桶
מדיח כלים
洗碗机

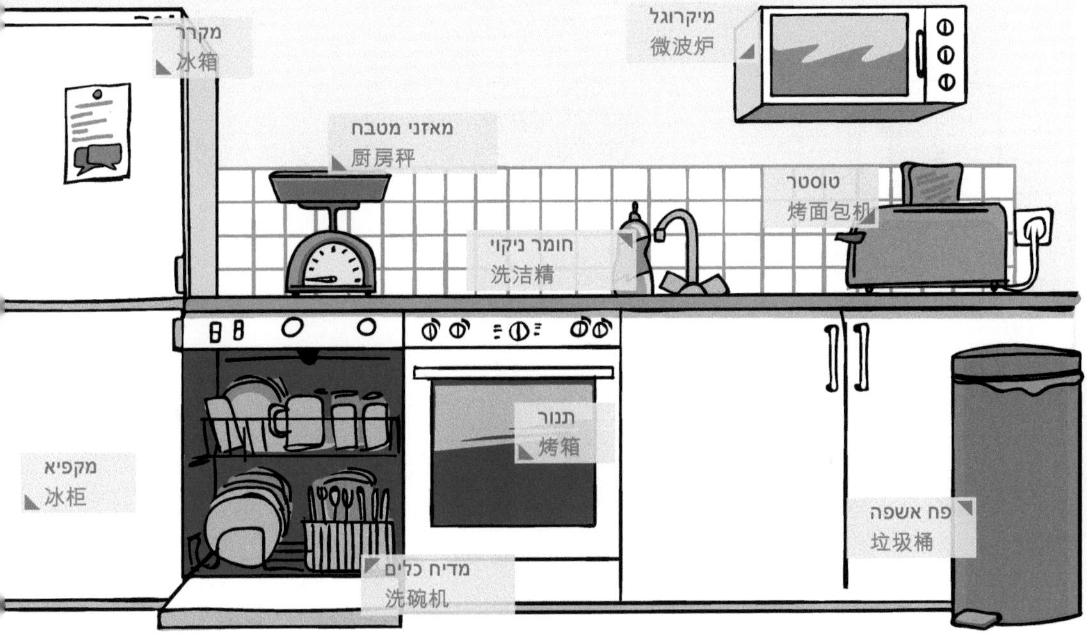

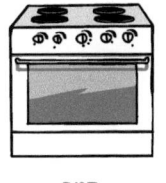

תנור
炊具

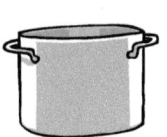

סיר
锅

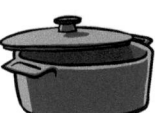

סיר ברזל
铸铁锅

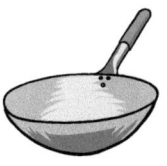

ווק
炒锅

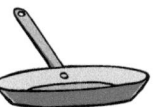

מחבת
平底锅

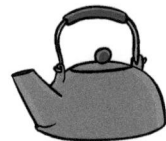

קומקום חשמלי
水壶

מאדה

蒸锅

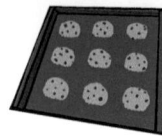

מגש אפייה

烤盘

כלי אוכל

陶瓷锅

ספל

马克杯

קערה

碗

צ'ופסטיקס

筷子

מצקת

长柄勺

מרית

铲子

מטרפה

搅拌器

מסננת בישול

滤网

מסננת

筛子

מגרדת

磨碎机

מכתש

研钵

גריל

烧烤

מדורה

明火

קרש חיתוך

菜板

מערוך

擀面杖

פותחן פקקים

开瓶器

פחית

罐子

פותחן קופסאות

开罐器

מטלית

隔热手套

כיור

水槽

מברשת

刷子

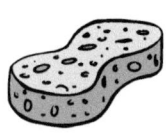

ספוג

海绵

בלנדר

搅拌机

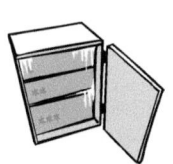

מקפיא

冷藏箱

בקבוק לתינוק

奶瓶

ברז

水龙头

חדר אמבטיה
浴室

חימום
供暖设备
מגבת
毛巾
מקלחת
淋浴
וילון מקלחת
浴帘
אמבטיית קצף
泡沫浴
אמבטיה
מכונת כביסה
洗衣机
אריחים
瓷砖
כוס
玻璃杯
ברז
水龙头
סיר לילה
便壶
כיור
水槽

אסלה
厕所

אסלת כריעה
蹲便器

בידה
坐浴器

משתנה
小便池

נייר טואלט
厕纸

מברשת אסלה
马桶刷

מברשת שיניים

牙刷

משחת שיניים

牙膏

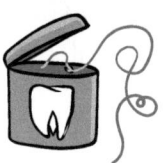

חוט דנטלי

牙线

שטף

洗

מקלחת יד

手持式喷淋头

צינור שטיפה לשירותים

冲洗器

קערת רחצה

洗脸盆

מברשת גב

擦背刷

סבון

肥皂

ג'ל רחצה

沐浴露

שמפו

洗发水

ליפה

法兰绒

ניקוז

排水

קרם

乳霜

דיאודורנט

除臭剂

מראה

镜子

מראת יד

手镜

סכין גילוח

剃须刀

קצף גילוח

剃须泡沫

אפטרשייב

须后水

מסרק

梳子

מברשת

刷子

מייבש שיער

吹风机

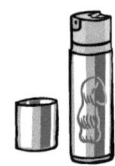

ספריי לשיער

喷发定型剂

איפור

化妆品

שפתון

唇膏

לק

指甲油

צמר גפן

化妆棉

מספריים לציפורניים

指甲剪

בושם

香水

תיק כלי רחצה

洗漱包

שרפרף

凳子

משקל

计重秤

חלוק רחצה

浴袍

כפפות גומי

橡胶手套

טמפון

卫生棉条

תחבושת סניטרית

卫生巾

שירותים כימיקליים

化学厕所

חדר ילדים
儿童房

שעון מעורר
闹钟
צעצוע חיבוק
毛绒玩具
מכונית צעצוע
玩具车
רעשן
拨浪鼓
בית בובות
玩具屋
מתנה
礼物

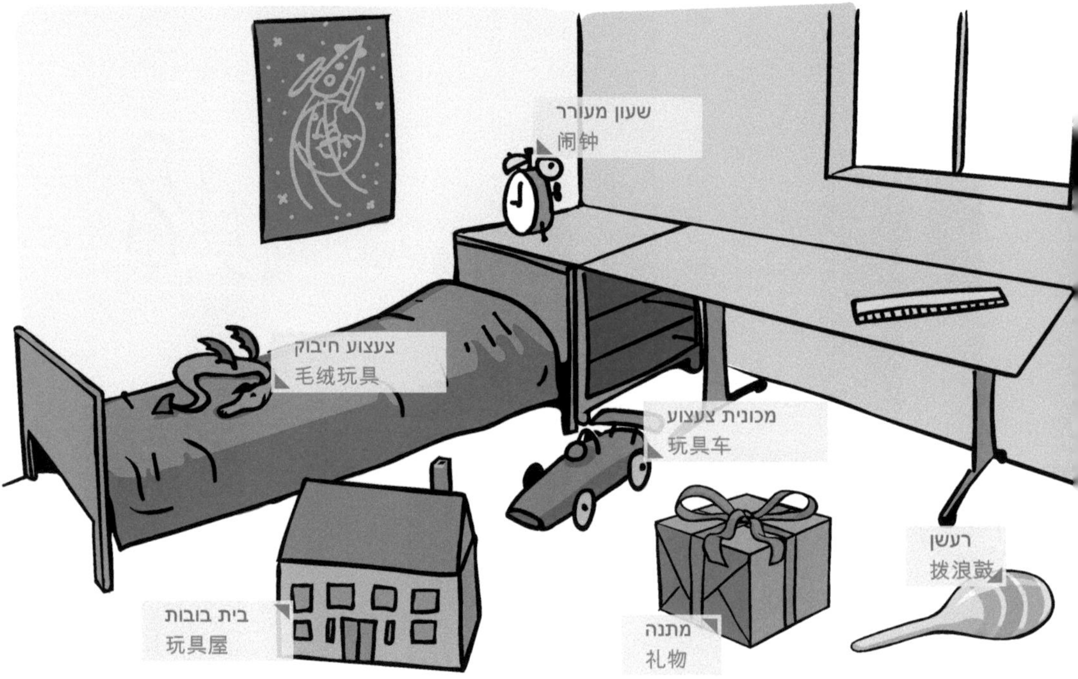

בלון

气球

מיטה

床

עגלה

（洋娃娃用）婴儿车

משחק קלפים

扑克牌

פאזל

拼图

קומיקס

漫画

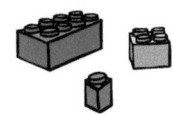

לגו

乐高积木

קוביות משחק

积木玩具

דמות משחק

玩具人

סרבל תינוקות

婴儿服

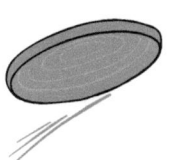

פריזבי

飞盘

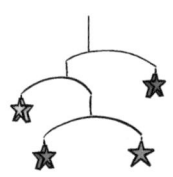

נייד

床铃玩具

משחק לוח

棋盘游戏

קוביה

骰子

רכבת צעצוע

火车模型

מוצץ

安抚奶嘴

מסיבה

聚会

אלבום תמונות

绘本

כדור

球

בובה

洋娃娃

שיחק

玩

ארגז חול

沙坑

נדנדה

秋千

צעצועים

玩具

קונסולת משחקים

游戏机

אופניים תלת גלגלי

三轮车

דובון

泰迪熊

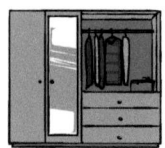

ארון בגדים

衣柜

בגדים

衣服

גרביים

袜子

גרביונים

长袜

גרביון

紧身裤

צעיף
围巾

מטריה
雨伞

חולצת טי
T恤

חגורה
皮带

מגפיים
靴子

נעלי בית
拖鞋

נעלי ספורט
运动鞋

סנדלים
凉鞋

נעליים
鞋

מגפי גומי
雨靴

תחתונים
内裤

חזייה
胸罩

וסט
背心

ג'ינס

牛仔裤

מכנסיים

裤子

גוף

身体

חולצה

衬衫

חולצה מכופתרת

女式衬衫

חצאית

短裙

בלייזר

西装夹克

סווצ׳ר עם קפוצ׳ון

卫衣

אפודה

套头衫

מעיל גשם

雨衣

מעיל

外套

ז'קט

夹克

שמלת כלה

婚纱

שמלה

连衣裙

תלבושת

套装

46

בגדים - 衣服

חליפה

西装

כותונת לילה

睡袍

פיג'מה

睡衣

סארי

莎丽

מטפחת ראש

头巾

טורבן

包头巾

בורקה

波卡

קאפטן

卡夫坦

עבאיה

(阿拉伯式)长袍

בגד ים

泳衣

בגד ים

男式泳裤

מכנסיים קצרים

短裤

בגד אימון

运动服

סינר

围裙

כפפות

手套

כפתור

纽扣

משקפיים

眼镜

צמיד יד

手链

שרשרת

项链

טבעת

戒指

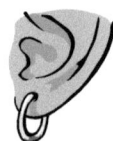

עגיל

耳环

כובע

便帽

קולב

衣架

כובע

帽子

עניבה

领带

רוכסן

拉链

קסדה

头盔

כתפיות

背带

תלבושת בית ספר

校服

מדים

制服

חיתול

尿不湿

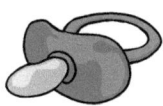

מוצץ

安抚奶嘴

מפית אוכל

围兜

משרד

办公室

שרת
服务器
תיקייה
文件柜
מדפסת
打印机
נייר
纸
מסך
显示屏
עכבר
鼠标
שולחן עבודה
תיק
文件夹
מקלדת
键盘
סל נייר
מחשב
电脑
כסא
椅子

אינטרנט

因特网

מחשבון

计算器

ספל קפה

咖啡杯

מחשב נייד

笔记本电脑

מכתב

信件

הודעה

消息

נייד

手机

רשת

网络

מכונת צילום

复印机

תוכנה

软件

טלפון

电话

שקע

插座

פקס

传真机

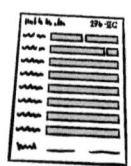

טופס

表格

מסמך

文件

כלכלה
经济

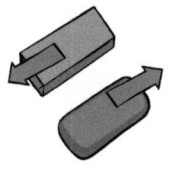

סחר

交易

שילם

付钱

קנה

买

יורו

欧元

דולר

美元

כסף

现金

פרנק שווייצרי

瑞士法郎

רובל

卢布

ין

日元

כספומט

提款处

רופי

卢比

יואן רנמינבי

人民币

המרת מטבע

外币兑换处

זהב

金

כסף

银

נפט

石油

אנרגיה

能源

מחיר

价格

חוזה

合同

מס

税金

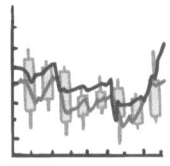

מנייה

股票

עבד

工作

עובד

职员

מעסיק

老板

מפעל

工厂

חנות

商店

שוטר
警官

כבאי
消防员

טבח
厨师

רופא
医生

טייס
飞行员

גנן
园丁

נגר
木匠

תופרת
裁缝

שופט
法官

כימאי
化学家

שחקן
演员

נהג אוטובוס

公交车司机

נהג מונית

出租车司机

דייג

渔夫

עובדת נקיון

清洁女工

מתקן גגות

屋顶工

מלצר

服务员

צייד

猎人

צייר

画家

אופה

面包师

חשמלאי

电工

עובד בניין

建筑工人

מהנדס

工程师

קצב

屠夫

אינסטלטור

水管工

דוור

邮递员

חייל

士兵

אדריכל

建筑师

קופאי

收银员

מוכר פרחים

花农

ספר

理发师

כרטיסן

售票员

מכונאי

机械师

קברניט

船长

רופא שיניים

牙医

מדען

科学家

רב

拉比

אימאם

伊玛目

נזיר

和尚

כומר

牧师

כלי עבודה
工具

פטיש
铁锤
צבת
钳子
מברג
螺丝刀
מפתח ברגים
扳手
פנס
手电筒

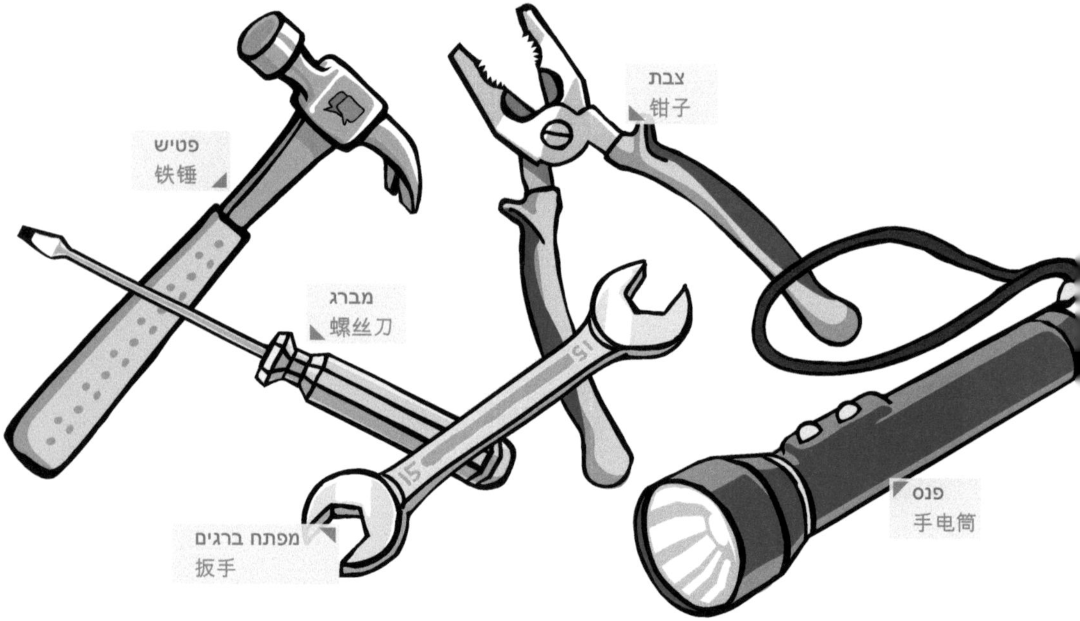

דחפור

挖掘机

ארגז כלים

工具箱

סולם

梯子

מסור

锯子

מסמרים

钉子

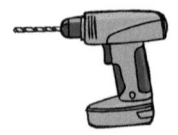

מקדחה

钻机

לעזאזל!

靠！

את חפירה

铲子

תיקן

修

ברגים

螺丝

פח צבע

油漆桶

יעה

簸箕

כלי נגינה

乐器

רמקול
扬声器
מערכת תופים
打击乐器
גיטרה
吉他
קונטראבס
低音提琴
חצוצרה
小号

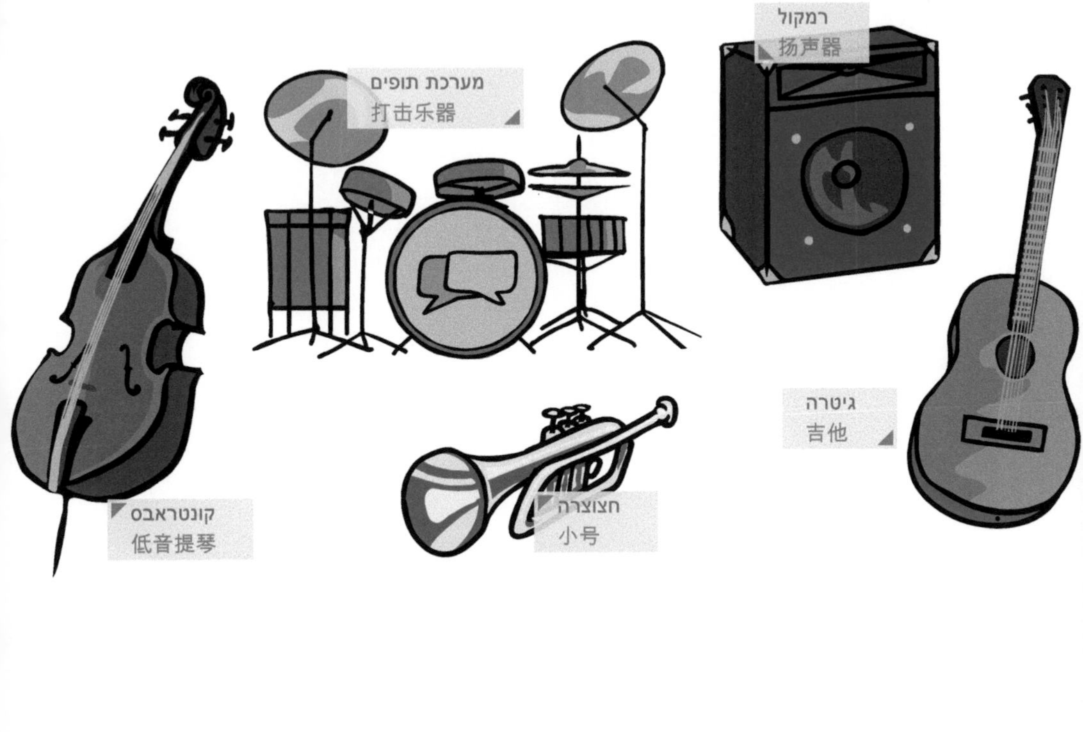

פסנתר

钢琴

כינור

小提琴

בס

贝斯

תוף הדוד

定音鼓

תופים

鼓

מקלדת פסנתר

电子琴

סקסופון

萨克斯管

חליל

长笛

מיקרופון

麦克风

גן חיות
动物园

נמר
老虎

כניסה
入口

כלוב
笼子

זברה
斑马

מזון לחיות
动物饲料

פנדה
熊猫

בעלי חיים

动物

פיל

大象

קנגרו

袋鼠

קרנף

犀牛

גורילה

大猩猩

דוב

熊

אריה

狮子

יען

鸵鸟

גמל

骆驼

תוכי

鹦鹉

פלמינגו

火烈鸟

קוף

猴子

כריש

鲨鱼

פינגווין

企鹅

דוב הקרח

北极熊

תנין

鳄鱼

נחש

蛇

טווס

孔雀

יגואר

美洲豹

כלב ים

海豹

שומר גן החיות

动物园管理员

סוס פוני

矮种马

לאופרד

豹

היפופוטאם

河马

ג'ירפה

长颈鹿

נשר

老鹰

חזיר בר

野猪

דג

鱼

צב

龟

סוס ים

海象

שועל

狐狸

איילה

羚羊

ספורט

体育

פוטבול אמריקאי
橄榄球
רכיבת אופניים
骑自行车
טניס
网球
כדורסל
篮球
שחיה
游泳
אגרוף
拳击
הוקי
冰球

כדורגל

英式足球

בדמינטון

羽毛球

אתלטיקה

田径

כדור-יד

手球

עשה סקי

滑雪

פולו

马球

פעילויות
活动

קפץ
跳
שר
唱
חיבק
拥抱
צחק
笑
הלך
走路
חלם
做梦
התפלל
祈祷
נשק
亲吻

כתב

书写

צייר

画

הראה

展示

דחף

推

נתן

给

לקח

拿

היה

当

עשה

做

יש / להיות הבעלים

有

משך

拉

רץ

跑

עמד

站

שכב

躺

נפל

摔倒

זרק

扔

ישב

坐

סחב

携带

חיכה

等待

התעורר

醒来

ישן

睡觉

התלבש

穿衣

הסתכל ב-
看

בכה
哭

ליטף
抚摸

סירק
梳头

דיבר
交谈

הבין
明白

שאל
问

שמע
听

שתה
喝

אכל
吃

סידר
清理

אהב
爱

בישל
做饭

נהג
开车

עף
飞

קרא

读

חישב

计算

שט

航行

התחתן

结婚

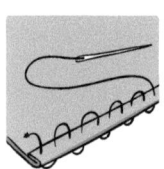

עבד

工作

למד

学习

הרג

杀

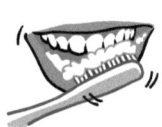

ציחצח שיניים

刷牙

תפר

缝

שלח

寄

עישן

抽烟

סבתא
祖母
סבא
祖父
אבא
父亲
אימא
母亲
תינוק
בת
女儿
בן
儿子

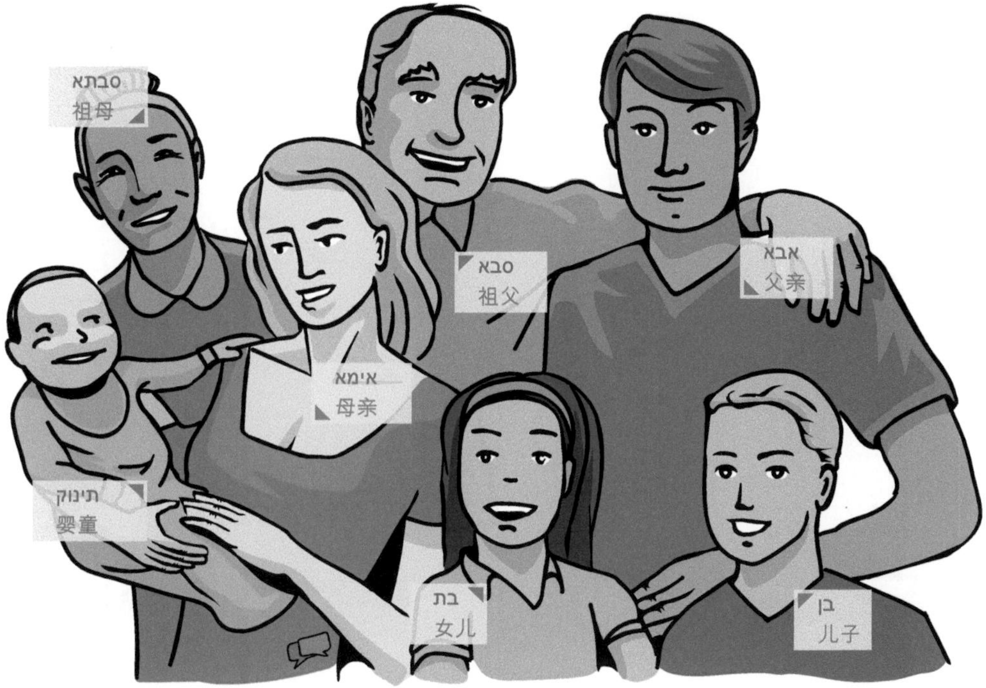

אורח

客人

דודה

阿姨

דוד

叔叔

אח

兄弟

אחות

姐妹

גוף
身体

מצח
前额
עין
眼睛
פנים
脸
סנטר
下巴
חזה
乳房
אצבע
手指
כף יד
手
זרוע
手臂
כתף
肩膀
רגל
腿

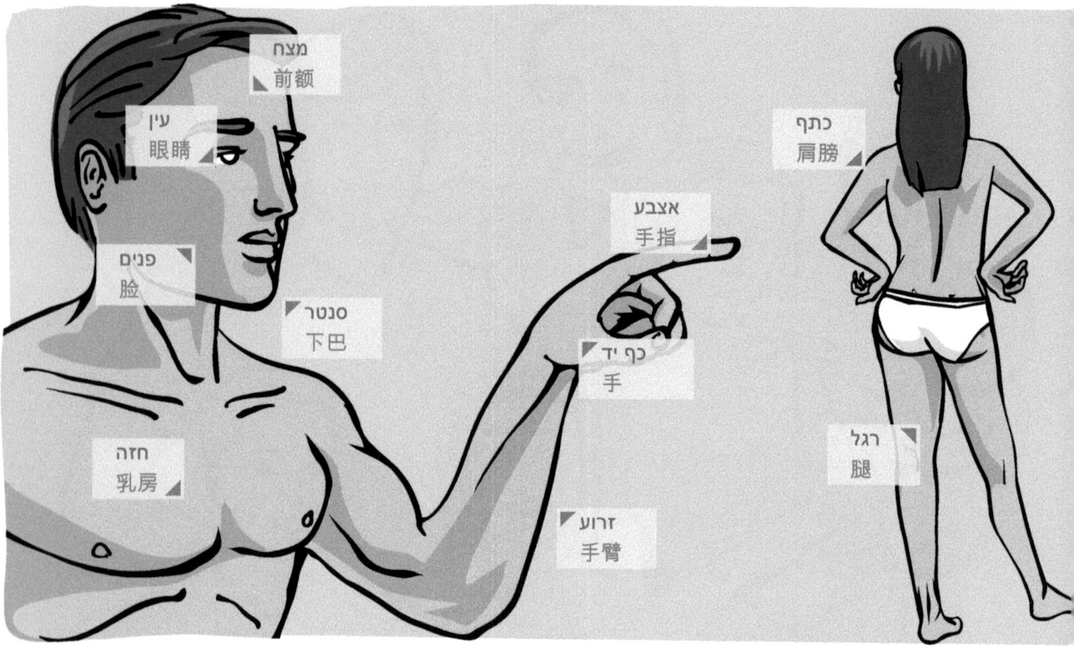

תינוק

婴童

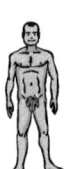

איש

男人

אישה

女人

ילדה

女孩

ילד

男孩

ראש

头

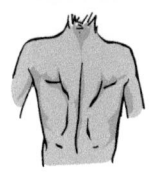

גב

背部

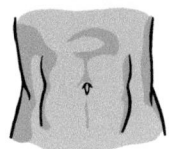

בטן

肚子

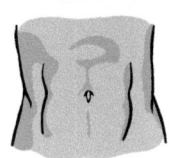

טבור

肚脐

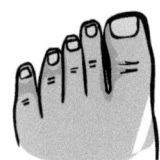

אצבע

脚趾

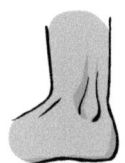

עקב

脚后跟

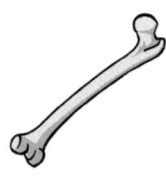

עצם

骨头

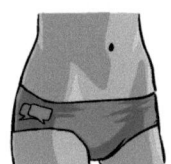

ירך

臀部

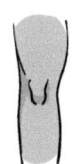

ברך

膝盖

מרפק

手肘

אף

鼻子

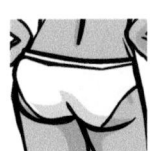

עכוז

屁股

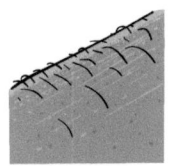

עור

皮肤

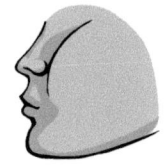

לחי

脸颊

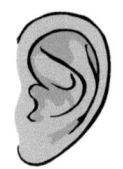

אוזן

耳朵

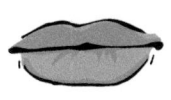

שפתיים

嘴唇

פה

嘴

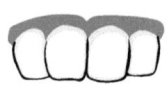

שן

牙齿

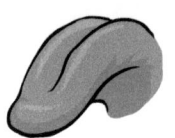

לשון

舌头

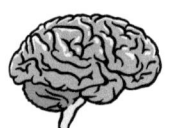

מוח

脑

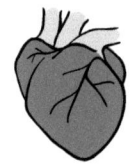

לב

心脏

שריר

肌肉

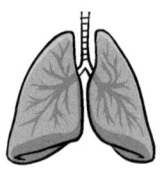

ריאה

肺

כבד

肝脏

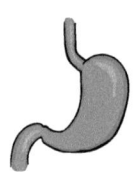

קיבה

胃

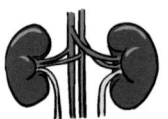

כליות

肾脏

מין

性交

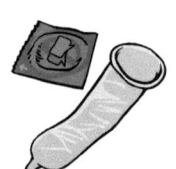

קונדום

避孕套

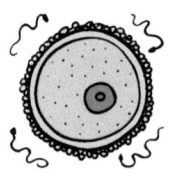

ביצית

卵子

זרע

精子

הריון

怀孕

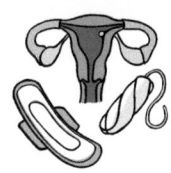

וסת

月经

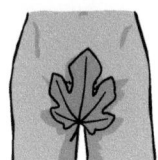

נרתיק

阴道

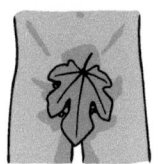

פין

阴茎

גבה

眉毛

שיער

头发

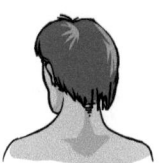

צוואר

脖子

בית חולים
医院

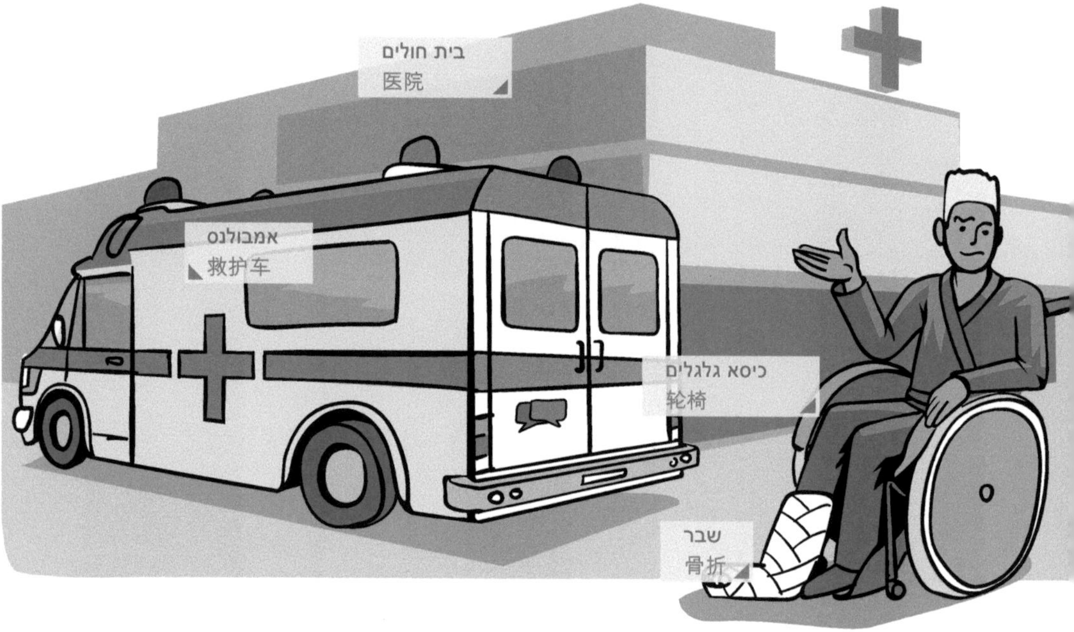

בית חולים
医院

אמבולנס
救护车

כיסא גלגלים
轮椅

שבר
骨折

רופא
医生

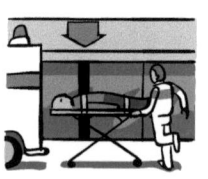

חדר מיון
急诊室

אחות
护士

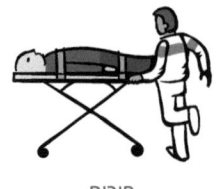

חירום
紧急情况

חסר הכרה
昏迷

כאב
痛

פציעה
....
受伤

דימום
....
出血

התקף לב
....
心脏病发作

שבץ
....
中风

אלרגיה
....
过敏

שיעול
....
咳嗽

חום
....
发烧

שפעת
....
流感

שלשול
....
腹泻

כאב ראש
....
头痛

סרטן
....
癌症

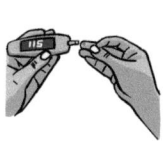

סוכרת
....
糖尿病

מנתח
....
外科医生

אזמל
....
手术刀

ניתוח
....
手术

סי-טי

CT

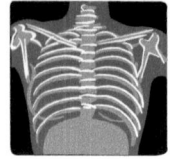

רנטגן

X光

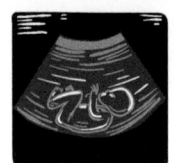

אולטרסאונד

超声波

מסיכת פנים

口罩

מחלה

疾病

חדר המתנה

候诊室

קבה

拐杖

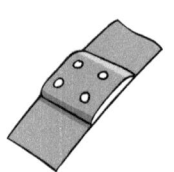

פלסטר

石膏

תחבושת

绷带

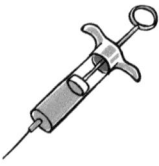

זריקה

注射

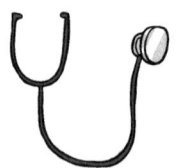

סטטוסקופ

听诊器

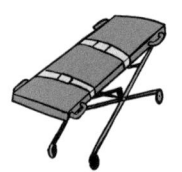

אלונקה

担架

מד חום

体温计

לידה

出生

עודף משקל

超重

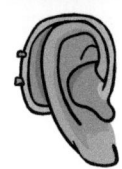

מכשיר שמיעה

助听器

מחטא

消毒液

זיהום

感染

נגיף

病毒

איידס

艾滋病

תרופה

药物

חיסון

接种疫苗

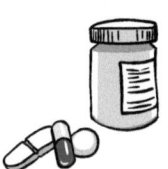

טבליות

药片

גלולה

药丸

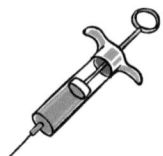

קריאת חירום

急救电话

מד לחץ דם

血压计

חולה / בריא

生病/健康

חירום
紧急情况

הצילו!

救命！

אזעקה

警报

פשיטה

突击

תקיפה

攻击

סכנה

危险

יציאת חירום

紧急出口

אש!

着火啦！

מטף כיבוי

灭火器

תאונה

意外

ערכת עזרה ראשונה

急救箱

הצילו!

呼救信号

משטרה

警察

כדור הארץ
地球

דרום אמריקה
南美洲

צפון אמריקה
北美洲

אירופה
欧洲

אוסטרליה
澳洲

אסיה
亚洲

אפריקה
非洲

האוקיינוס ההודי
印度洋

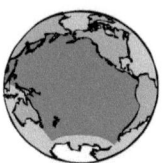

האוקיינוס השקט
太平洋

האוקיינוס האטלנטי
大西洋

הקוטב הצפוני
北极

האוקיינוס הארקטי
北冰洋

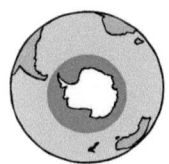

האוקיינוס האנטרקטי
南冰洋

הקוטב הדרומי

南极

אנטארקטיקה

南极洲

כדור הארץ

地球

אדמה

陆地

ים

海

אי

岛

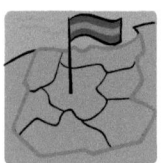

לאום

国家

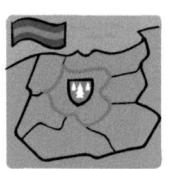

מדינה

国家

שעון
钟表

פני השעון

钟面

מחוג השעות

时针

מחוג הדקות

分针

מחוג השניות

秒针

מה השעה?

现在几点？

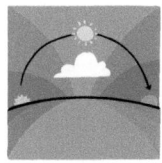

יום

天

זמן

时间

עכשיו

现在

שעון דיגיטלי

电子表

דקה

分

שעה

时

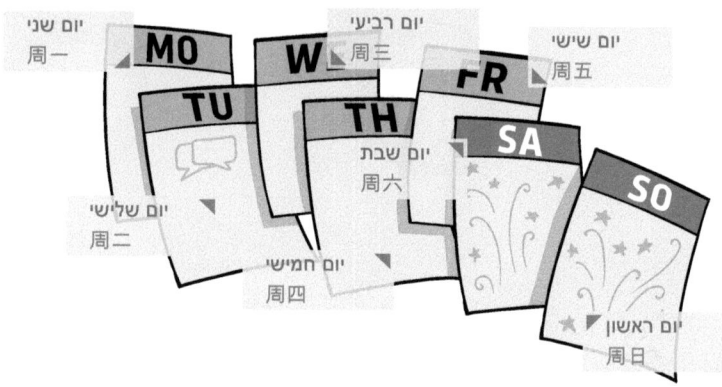

יום שני
周一

יום רביעי
周三

יום שישי
周五

יום שלישי
周二

יום חמישי
周四

יום שבת
周六

יום ראשון
周日

אתמול
昨天

היום
今天

מחר
明天

בוקר
早晨

צהריים
中午

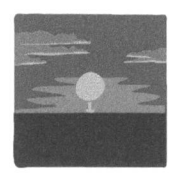

ערב
晚上

ימי עבודה
工作日

סוף שבוע
周末

גשם
雨
קשת בענן
彩虹
רוח
风
שלג
雪
אביב
春
סתיו
秋
קיץ
夏
חורף
冬

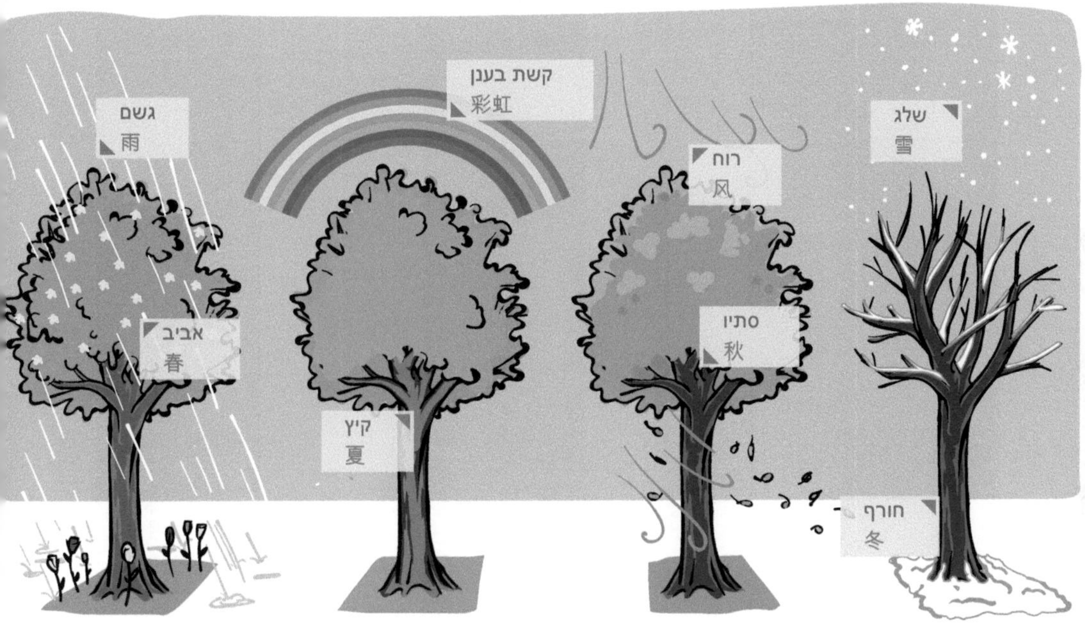

תחזית מזג האוויר

天气预报

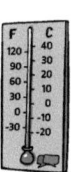

מד חום

温度计

אור שמש

阳光

ענן

云

ערפל

雾

לחות

潮湿

ברק

闪电

רעם

打雷

סערה

风暴

ברד

冰雹

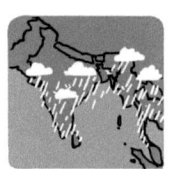

רוח עונתי

季风

שיטפון

洪水

קרח

冰

ינואר

一月

פברואר

二月

מרץ

三月

אפריל

四月

מאי

五月

יוני

六月

יולי

七月

אוגוסט

八月

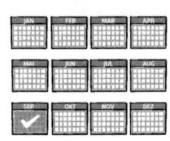

ספטמבר
.....
九月

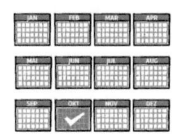

אוקטובר
.....
十月

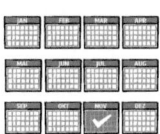

נובמבר
.....
十一月

דצמבר
.....
十二月

צורות
形状

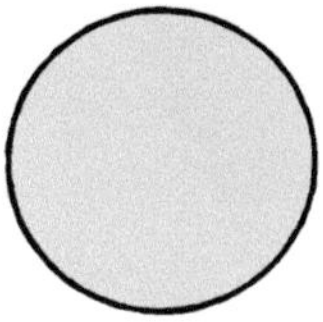

עיגול
.....
圆形

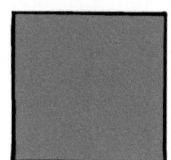

מרובע
.....
正方形

מלבן
.....
长方形

משולש
.....
三角形

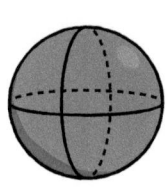

כדור
.....
球体

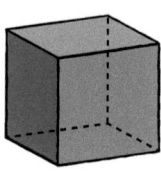

קובייה
.....
立方体

צבעים

颜色

לבן

白

צהוב

黄

כתום

橙

ורוד

粉

אדום

红

סגול

紫

כחול

蓝

ירוק

绿

חום

棕

אפור

灰

שחור

黑

הרבה / מעט

很多/少许

כועס / רגוע

生气/平静

יפה / מכוער

美/丑

התחלה / סוף

首/尾

גדול / קטן

大/小

בהיר / כהה

明/暗

אח / אחות

兄弟/姐妹

נקי / מלוכלך

干净/肮脏

שלם / חלקי

完整/缺失

יום /לילה

白天/晚上

מת / חי

死/生

רחב / צר

宽/窄

אכיל / לא אכיל

可食用/非食用

רשע / טוב לב

邪恶/善良

מתרגש / משועמם

兴奋/无聊

שמן / רזה

胖/瘦

ראשון / אחרון

第一/最后

חבר / אויב

朋友/敌人

מלא / ריק

满/空

קשה / רך

硬/软

כבד / קל

重/轻

רעב / צמא

饿/渴

חולה / בריא

生病/健康

בלתי-חוקי / חוקי

非法/合法

נבון / טיפש

聪明/愚笨

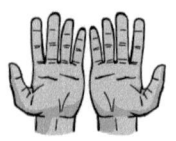

שמאל / ימין

左/右

קרוב / רחוק

近/远

חדש / משומש

新/旧

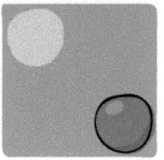

כלום / משהו

没有/有些

זקן / צעיר

老/幼

פעיל / כבוי

开/关

פתוח / סגור

打开/合上

שקט / רועש

安静/吵闹

עשיר / עני

富/穷

נכון / שגוי

对/错

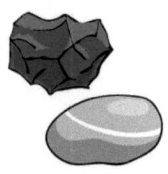

מחוספס / חלק

粗糙/光滑

עצוב / שמח

伤心/高兴

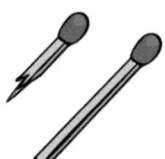

קצר / ארוך

短/长

איטי / מהיר

慢/快

רטוב / יבש

湿/干

חם / קר

温暖/凉爽

מלחמה / שלום

战争/和平

מספרים
数字

0

אפס

零

1

אחת

一

2

שתיים

二

3

שלוש

三

4

ארבע

四

5

חמש

五

6

שש

六

7

שבע

七

8

שמונה

八

9

תשע

九

10

עשר

十

11

אחת-עשרה

十一

12
שתים-עשרה
十二

13
שלוש-עשרה
十三

14
ארבע-עשרה
十四

15
חמש-עשרה
十五

16
שש-עשרה
十六

17
שבע-עשרה
十七

18
שמונה-עשרה
十八

19
תשע-עשרה
十九

20
עשרים
二十

100
מאה
百

1.000
אלף
千

1.000.000
מיליון
百万

שפות
语言

סינית מנדרינית

普通话

אנגלית אמריקאית

美式英语

אנגלית

英语

צרפתית

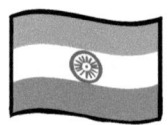

法语

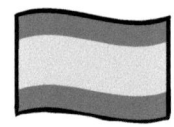

ספרדית

西班牙语

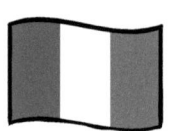

הודית

印地语

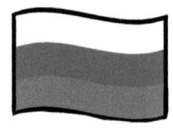

פורטוגזית

葡萄牙语

רוסית

俄语

ערבית

阿拉伯语

יפנית

日语

גרמנית

德语

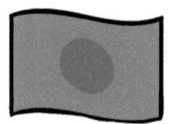

בנגלית

孟加拉语

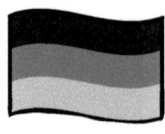

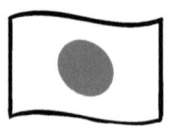

מי / מה / איך
谁/什么/怎样

אני

我

אתה / את

你

הוא / היא / זה

他/她/它

אנחנו

我们

אתם

你们

הם

他们

מי?

谁？

מה?

什么？

איך?

怎样？

איפה?

哪里？

מתי?

什么时候？

שם

名字

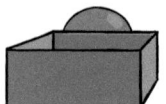

איפה
方位

מאחור

后面

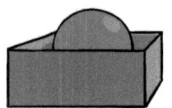

בתוך

里面

לפני

前面

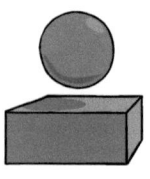

מעל

上方

על

上面

מתחת

下面

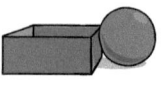

ליד

旁边

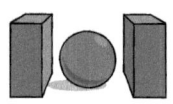

בין

中间

מקום

地点